Principio organizador de vida

Juan-José Reyes Ríos

Portada: *Fotografía que es imagen de un desorden existencial, de cuyo asunto trata la obra.*

Dedico esta obra a mi esposa

Texto Copyright 2022 Juan-José Reyes Ríos

Todos los derechos reservados

<h1 style="text-align:center">-SINOPSIS-</h1>

'Principio organizador de vida' es un ensayo vario, misceláneo, en el que se revelan formas de alcanzar la plenitud social y humana. Estos son nuevos tiempos en los que se ha de lograr la paz, la felicidad y evitar los conflictos bélicos. Las invasiones y agresiones de territorios democráticos y soberanos es acción ominosa, en la que además se revela una nación regida por el descrédito, es decir, por su carencia de honorabilidad. Ya es hora -como se sintetiza al final de esta obrilla- que se ponga freno al variado y horripilante armamento con el que se pretende forjar un imponente imperio. Es sabido que, cuando el humano abandona el ideal espiritual (religioso o laico) y humano, se convierte en mero animal. Un *Museo del Armamento Mundial Abolido*, sería un primer paso para restablecer el impulso de paz y humanidad en la tierra.

-ÍNDICE-

-PRÓLOGO-

Entre las ruinas

se apila mi dolor,

sin regocijo.

(Haiku del autor)

La primigenia visión interior y todas las imágenes que conlleven a un mundo humanístico y de plenitud debe ser lo esencial de la vida humana. La posibilidad de una universal reconciliación que fundamente un mundo de evolución humana, de progreso y bienestar es lo primordial para el vigente estado de cosas. Son incuestionables las exigencias de razón, verdad y justicia para un mundo que no desea retrocesos, ni despóticas elucubraciones.

Lo fundamental será que hundamos nuestras nobles raíces en un cosmos de armonía, de solidaria creación humana, de memoria que integre al planeta y que brinde sentido a todas nuestras actuaciones. ¡Viva el bienestar de la multitud y arranquemos de cuajo el odio asesino! Este mundo, de humana condición, está envuelto en el resplandor de las estrellas, y la inteligencia del hombre no se doblega ante la maldad y los avatares con signos de destrucción, pues hay condiciones que revitalizan la humana y luminosa existencia.

En un amplio escenario se expresa el horror, las terribles consecuencias de una experiencia bélica que no es afín al humano destino; el devenir es una búsqueda de sentido, de signo vital. Pongamos fin a las malaventuras, a la crueldad de acciones y pensamientos impropios del verdadero e íntegro espíritu humano. Las torpes obstinaciones i cegueras confunden el escenario en que se afirma el aliento vital. La vida es un escenario de comportamiento tan humano como vital.

1

Pero, ¿qué es lo que está naciendo, qué ciencia, qué adorable perfección, qué saber último que me maravilla? Es como si en el mundo contemporáneo se dignificara de humana vida, o se abriera un libro en el que se representara la humana construcción, un alborear de valiosas ideas sibilinas. ¿No se advierte en ello un proceso de creación, de impulso vital? ¿Quién no anhela una vida con proyectos de emoción y de una experiencia que vibre con alegría? ¡Oh, el pulso de la vida ya late amoroso en la luz de muestro interior! El intelecto arraiga en los seres con una fuerza descomunal, como si el fondo de su índole sólo de él dependiera.

Sí, pensar para situarse y ser en un mundo de humanidad, para salvar la humana esencia, para asentarse en un cosmos de felicidad donde mi semejante sea de igual valor, desarrollando su humana actividad. ¿Cómo se han transformado con sublimidad nuestras vidas? Ya no se escuchan voces que surjan de honduras tenebrosas, ni terribles gritos de desesperación, ni el horror de violencias inhumanas. Todo contribuye al reino del insobornable intelecto.

Nuestro humano cosmos es ahora armonioso, una verdadera imitación del cosmos generador de vida, y no existe disciplina o actos que impidan o alarmen nuestra benéfica evolución. Es el goce del amor lo que nos reanima y estimula nuestros esfuerzos hacia la luz primigenia, hacia un orbe que ya no es valle de lágrimas, pues las funestas guerras y todo el *execrable armamentismo* se ha esfumado. Sí, hemos salido de las oscuras profundidades hacia la luz de la aurora, que eternamente nos estimula con su claridad y sonrosada luz. Y, como ella, los humanos debemos clarear, fortificarnos en una humanística concepción indisoluble, en un quehacer que vaya más allá de los tambores y las trompetas del estrépito.

Los avances humanos, los verdaderos y humanitarios avances, siempre están al lado de un orden que busca de un modo reflexivo la global perfección, pues concebimos la vida en vital conexión. Los futuros acontecimientos históricos siempre buscarán la huella, el sentir de lo vital, evitando los oscurecimientos de nuestro espacio escénico y esos momentos que nieguen la anhelada creación. Serán cual miradas de luz que transformen en resplandecientes los paisajes de umbría visión. Armas, ¿para qué? La violencia, sufrimiento y muertes ocasionados por las guerras no tienen justificación. Yo no vacilo y confío en la luz del nuevo día que, además de alumbrar, nos estimula en la unificación. Como consecuencia de la guerra son innumerables los refugiados que buscan acogida en otro país.

Todo cobra importancia cuando prospera la intelectualidad, cuando los humanos avances son de provechosas soluciones para la armonía universal. Para cosechar humano esplendor hemos de sembrar brillantez, fulgurante imaginación y sentido creativo, reflejos que disipen la antes reinante mediocridad y extenso vacío; lo esencial es lo que verdaderamente importa. Hemos abierto puertas y ventanas hacia la agradable y anhelada paz del mundo, todo se ha bendecido gracias a la general visión primaveral.

¡Adiós a las imposturas y adversidades, adiós a los horizontes de bajeza y al continuo estremecimiento! Es la hora del humano rejuvenecimiento, de un arborecer que anule las disposiciones ideológicas que dividen, contrarían y aíslan. Evitemos las situaciones trágicas, fuera del escenario estético; ha llegado el momento de sentir el mundo no como tumba, sino como nacimiento, de estimar la humana existencia no como insufrible malestar, sino como fervorosa visión de bienestar.

Y brillará una ciencia al servicio de la vida, no que sea animadora de la aciaga muerte. El imperio del intelecto será indispensable para encender la luz en los siglos venideros, siglos de verdadero camino anímico. Que nada perturbe el desarrollo intelectual del mundo es lo que nos inspira, lo que nos alienta para escribir páginas de humano sentir, que no sean efímeras ni de mero carácter transitorio. Hemos de transfigurar la nave de la locura, la nave de los escalofríos, la nave del aborrecible sinsentido.

Que no brille más en la tierra el fuego del infierno, es lo que más anhelo; y que los diablos se desvanezcan para siempre de su faz. Algo hermoso se prefigura en nuestros escenarios, en la teatralidad de una sin par proyección estética; es la esperada realización humana, la completa, la íntegra, esa que recrea un disfrute de inmensa felicidad. El que esto escribe, se siente inmerso en el colosal y estético abrazo, en la ascensión de ese drama de soberana raíz, de apoteósico impulso, en busca de la perfecta solución universal.

¿Acaso no oís el dulce y amoroso sonido de un arpa que, con su melodioso concierto, nos colma de inefable felicidad? ¿No sentís esa escenografía como espacio íntimo de exposición y creación humana? Ya no hay cárceles, ni hierros que aprisionen nuestras manos, ni inveterados odios que atribulen lo social. El espacio espiritual es inmenso, de sugerente manifestación, de exitosas aperturas, de brillante y reflexivo florecer, de búsqueda de un trasfondo inaudito, pero que sea siempre regenerador de gozosa vida.

Mi conciencia debiera ser la estimulante y excelente conciencia que perdura en un seno social que valore la sutileza del intelecto. Sí, conocimiento de mí mismo, pero en relación con un mundo donde sobresalga la humanística conciencia social y los ideales proyectos con soluciones tan reales como vitales. El azar nos trajo al mundo, no la individual voluntad. Pero, una vez en él, todo debe disponerse para agrandar nuestro conocimiento y, finalmente, que seamos los maestros de los recién llegados. Se ha de sostener el humano vuelo y, así, poder eliminar la miseria que envuelve a la vacilante y decrépita humanidad.

Necesitamos mentes creadoras, espíritus que remodelen la faz de todo terruño, que entusiasmen con su proyección de insólita vida urbana. ¡Adiós a los espacios envueltos en fosca niebla, a las tiránicas costumbres, a la perdición de la tierra! Y también comprensión para entender las leves, pero humanas, diferencias. Magnífico día será aquel en que los hombres recuperen el humano sentido, la luz que otorga vitalidad y sea reflejo de una cósmica armonía.

Mi conciencia es una versión de íntima humanidad, y desearía que fuese la más dulce, la más exquisita, la más encumbrada. Pero para ello, es indispensable atender a mi voluntad y a mis actos. No basta con pensar o decir, es necesario que nuestro obrar sea consecuente con nuestro entendimiento de la realidad. Siempre será necesario promover una introspección que nos congregue, nunca que nos aísle. Un destino de desgracia e inseguridad es espantoso, de insufrible vértigo, de intolerable naufragio. Quisiera que todo ser humano –ajeno a cualesquiera imposturas- entendiera que las guerras no deben proseguir en el humano terruño, que todas ellas nacen de humana maldición, que socavan la humana convicción de que el ser humano, doquiera esté, es un ser de nobleza y no de condenación. Los seres irreflexivos, irrazonables, botarates, engreídos y de soberbia arrogancia están de más en el humano mundo.

¿Amenazar miedo; herir con tu macabra luz; sumir en la desgracia y oscuridad el destino de millares de personas; convertir en polvo la humana criatura? ¿A qué has venido al mundo despótico imperialista? No obstante, el alma humana reconoce los monstruos abominables y se empapa de justicia humana para hacerles frente. Se rechaza lo irracional, lo que atenta al humano y vital destino. ¿Una guerra mundial? ¿Con qué fin; cómo puede defenderse tan siniestro impulso, una ominosa tenacidad que va más allá del principio organizador de vida? ¿Quién con probado intelecto podría poner a prueba, vilmente, la edificante constelación de ideas?

¡Oh, la niebla se va aclarando y la maldad se desvanece de la faz de la tierra! El humano orden avanza, dejando atrás las antiguas tinieblas. La degeneración mental es una enfermedad, quizá tenga cura; pero los mortales ya somos criaturas que buscamos tesoros espirituales, no cruzadas ni ofensivas militares que siempre traen desgracia. ¿Quién no anhela un mundo mejor, más armonioso, más humanístico?

Un mundo claro y limpio, sin gente hipócrita o vanidosa que eluda el incuestionable principio de vida -que a todos los mortales alienta-, es lo que el mortal, sea cual fuere su condición, anhela. Y mejorar la trama y urdimbre del humano telar. Que la vida sea sentida, admirada, plena de amorosas aspiraciones, resplandores y alientos; que sea un santuario de esencial fuerza vital, de pureza espiritual. Y quien no piense así está alejado de la virtud, del verdadero compromiso humano, del alborear de la vida.

No somos, los mortales, un rebaño de mera animalidad, muchedumbre sin capacidad para comprender sombríos designios. ¿Sobrevivir? La degeneración y lo antinatural está fuera del humano sentir. Ha tiempo, dejamos atrás nuestra rusticidad, y ahora somos seres pensantes y sabedores del beneficio de un armónico progreso, de un progreso que ampare la vida, que sea integrador de todo orden, que sea continuidad en la humana evolución. De vencedores y vencidos… ¿pero de qué me habla usted, qué excitación nerviosa padece? Hartos estamos los humanos de esos ominosos imperialismos. El instinto que promueve la guerra es el resultado de la impresión de una constante decadencia humana, de una no prevenida degeneración social o vital, de una pérdida de ominoso poderío. ¡Qué no nos contaminen con ideas de degeneración!

Más allá del bien y del mal sólo existe el vacío. Sólo el bien es el principio que estimula la vida, que alienta humano esplendor, que ennoblece a la criatura humana. Pero hemos de embellecer nuestro mundo con ideas que lo mejoren, que eviten cualquier síntoma de hundimiento. El humano espíritu siempre está revelando amor y alegría, evitando lo tenebroso, explorando lucíferos manantiales de dicha. Sí, en busca de una visible realidad superior, en ella, muchos de nuestros sabios, han puesto su inagotable empeño; una realidad de integridad y progreso, de concepción racional y humanística, de orden que evite cualquier enajenación. Que se haga la luz en un contexto de exquisitez cultural, es lo que la inmensa mayoría desea. Intelecto frente a extravíos; claridad frente a confusión; escenario intelectual y espiritual frente a miseria teatral.

Cuando uno realiza una introspección y descubre preciados valores primigenios reconoce que es ahí donde reposa la conciencia, es decir, el entrañable conocimiento de su ser en relación con el mundo. Los conceptos de despotismo, degradación, represión y censura lo alertan, derribando todos sus dulces ensueños. Neutralizar los regímenes dictatoriales y remediar desequilibrios económicos y sociales se convierten en una lucha ideológica, en una oposición al imperio de un orden grisáceo, frío, falto de la verdadera luz de vida.

Lo que deja tras de sí el imperio del despotismo son paisajes degradados y desiertos, con sus pueblos y aldeas fantasmas. Ello no es un crecimiento social, sino una ominosa disminución. Tal visión de hostilidades es rechazada por el soberano intelecto que evita toda arbitrariedad, indeterminación o anquilosamiento. Varias son las visiones que pueden ser contradictorias de un posible mundo anhelado, siempre extrañas a la humana estirpe, lejanas del verdadero espíritu que exige la supremacía de la razón.

Cierto es que la pedagogía —me refiero a la no embaucadora- y la poderosa creación verbal están por encima de los enfoques meramente ideológicos y carentes de modernidad, y son esclarecedoras de la armonía social. Se requiere de una voluntad humana integradora, de un sistema significativo y de humana inspiración para lograr un escenario de génesis e integración humanas. Sí, hemos de ser solidarios con la desnuda y pura verdad. Hay grandes poemas imaginativos y originales que se difunden en un amplio marco internacional y que no son meros manifiestos que busquen el culto a la novedad, o sean ajenos a una proyección social de raigambre humanística. El hombre sensato, el que busca un luminoso cielo y no un infierno social, evita cualquier tentativa al angustioso vacío, al abismo de la nada, a un existir sin lucífera trascendencia. ¿Dónde, pues, unas perspectivas de humano futuro? Todo se desgarra cuando se quiebra el armonioso vínculo con un destino resplandeciente y universal. ¡Oh, imágenes en las que respira la matriz procreadora tan vital como trascendental!

En un marco humanístico de poderosa luz, como si fuese alma región luciente, anhelo un florecimiento, un mundo de nobles y humanas imágenes, de rejuvenecimiento y maestría espiritual. Pero, ¿quién puede loar la execrable visión, o funesta ambición de un psicópata? La gente perturbada no debería regir nada, sólo subsistir en solitario naufragio, si es que no tiene cura. En una execrable región de espanto se expulsa la verdad, la sensibilidad y la cordura; por ello, nadie en su recto juicio puede aclamar bombardeos que causen muerte, destrucción y perdurable infelicidad.

Vivir en comunión con la naturaleza sería la gran misión del ser humano; de esa naturaleza viva que ilustra, que proyecta versatilidad con sus variadas formas, que beneficia a todo ser vivo y jamás provoca angustias. Los estruendos son motivo de humana dispersión, de coacción a la celeste ascensión, de infierno en la faz de la tierra. Ya gime la ruindad y decadencia, y hay corazones, ¡ay!, que jamás se colmarán de mística dulzura. Lo doliente ya rige en las sombras, en los rincones, en los sótanos plenos de amargura.

¡Oh, trovadores del mundo entero: difundid el humano equilibrio y el goce de la paz! Pero, ¿quién aún no considera el mundo como hogar de paz y bendición? ¿Y qué decir del funesto –por ser forzoso- episodio de la numerosa y forzada emigración? Esa expansión vital en busca del orden y la serenidad, quizá no sea solamente temporal, pues levantar una comunidad desde sus ruinas no es empresa fácil ni barata. De todos modos, vista la violencia, la violación de los derechos humanos, esa complacencia en el abominable bombardeo, entendemos ese modo valeroso de morir, basado en el honor y la civilidad, y quienes nos hallamos en territorios de paz, hacemos nuestro el doliente eco.

Sé que vendrán siglos de paz y armoniosa humanidad, tiempos en que se asentará la luz primordial en un marco cultural de absoluta benevolencia.

Se escribirá un poema humano y social de lucidez, y poética memoria que fundamente la culminación de una cultura universal; todo ello por unos valores que ennoblezcan la vida. Esa luminosa palabra que quiebra el desenfreno y la degradación, es palabra de vida, con voluntad propia, de entera libertad y sin máscara. Sabed que la Humanidad está en marcha, pese a los abominables bombardeos, pues una armonía e impulso, de cabal afinidad en el amplio mundo intelectivo, son ya impresión de asentimiento.

Clara visión y esperanza remontarán la turbia corriente que niega la luz de la vida, y una renovada sensibilidad, como poderosa llama de vida, iluminará el camino del mortal, favoreciendo su porvenir. ¿A qué clase de esferas mira el hombre insensato, ese loco que genera torbellinos de angustia y de insufrible horror; de qué dones se siente preciado? Esos tenebrosos aires nublan la lumbre del humano cielo. Se arruinan ciudades, tras lo cual sólo se perciben despojos. Ser o no ser, esa es la cuestión. Pero el vigor, la bravura se alza frente al sentimiento de inseguridad existencial.

Las terribles circunstancias demandan un poderoso poder de concentración y espíritus que aspiren a un ideal de solidaridad humana. No es admisible que una población viva en los márgenes de subsistencia; por eso el amor debe triunfar sobre la muerte. Esas estelas de horror, esas llamaradas que rugen en su maldad, son un claro signo de irracional convicción, de humana degradación. Hay locuras que se propagan cual ruinosas tormentas nacidas en regiones faltas de luz. Evitemos que tales aberraciones conduzcan a la humana oscuridad.

Sí, proteger la vida, para que inesperadas tinieblas no rompan el humano bienestar. Toda desolación genera ausencia de signo vital. ¿Acaso los mortales estamos condenados a no poder llevar una vida plena? Un sueño de amor, cual ave de luz, entreabre un espléndido horizonte de dicha. Y fervorosos versos, cual rítmicas entonaciones y divinales amaneceres, generan un vivo ideal de vida. Quien siente la vida bajo las estrellas, reconoce el esfuerzo del hombre por manifestar su amor y virtudes, por fundirse con la esencia de lo vital ¡Adiós a la grosera vanidad y a toda infidelidad que se sostenga en la confusión y el caos!

2

Siempre se ha de preservar la libertad en una novedosa dimensión estética, de belleza inconfundible, de elocuente imaginación, de rica originalidad y de entrañable fondo. Al fin y al cabo, con estas palabras estoy avivando el canto universal de vida y esperanza, la promoción de una conciencia de integridad social de índole universal.

La simpatía por la irrealidad no deja de ser mero fuego fatuo al no rechazar los desequilibrios y caóticos desasosiegos. El mundo que nos rodea debe ser una referencia siempre a mejorar, a perfeccionarse en todos sus ámbitos y evitar el desconcierto. Sólo los signos con fundamento pueden tener humano y digno futuro. Un mundo de madurez, ajeno a cualquier barbarismo y de una pluralidad que comprenda la esencia del más vivificante orden humano, es lo que todos anhelamos.

Los valores primigenios permanecen en los adentros del espíritu humano y en ellos se halla la respuesta a la humana evolución. A aquellos que denigran la Poesía, les diré que no se la puede destruir, pues es de esencia trascendental y del almo arraigo en la humana conciencia y siempre revela un acento creacional; ella es el efecto de un brillante alborear, de un corazón en busca de esperanza. Su expresión jamás naufraga en el ámbito social y su poderoso latido se afianza sin espanto, revelando la cara y cruz de toda perspectiva; es puntual memoria del horror, de la discordia, de lo irreal, de la falsía, o bien del entusiasmo, del éxtasis y de la apoteosis.

Quien ama a la humanidad concede su imaginación a la persecución de un dignificante futuro. Los sueños, sueños son, pero cuando revelan hálitos de esperanza, bienvenidos sean. Y mientras no se alcance tal cima, ¡viva lo experimental y que vibren las luminosas imágenes cósmicas en nuestro interior, pues son presencia de energía y fuerza de vida! Sí, alcemos un escenario de "verdad".

El que mejore la humanidad es un principio ineludible en aquellos corazones y mentes que buscan el bien universal. Nos amenaza el desequilibrio y la funesta desunión, y todo se degrada cuando se oscurece la órbita vital, el pensamiento que reclama progresión de vida y paz. ¡Oh, armoniosa polifonía que es musical creación de dichosa vida! ¡Adiós a las mortecinas horas, a la melancolía sin corriente y con orillas de silencio! No somos cadáveres, ni el reloj de la vida se ha parado. Ya un velero surca océanos de auge y felicidad y, su capitán, con hondura psíquica y cósmico aliento, va difundiendo verdades, justicia y amor.

Yo espero un amanecer que borre las tinieblas de la faz de la tierra, una esencia sin paisaje de vacío y una inspiración de increíble encanto humano, por su audacia, por la culminación de su sabiduría, por su ascenso a cumbres gozosas. ¡Dejad de bombardear con lúgubres noticias sin poner reparo u obstáculo a la barbarie! Las locuras desgarradoras de dictatoriales gobernantes nunca serán tenidas por modélicas, sino que serán criticadas por sus mentidos horizontes de abominable falsedad.

Se detecta escaso impulso vital en la gente corriente, como un vuelo en la sombra, como inevitable declinación de verdadera vida. Si se apagara la antorcha de la vida… ¿qué sería de nuestra memoria, de nuestro canto nocturnal, de nuestro poderoso acento primaveral, de lo escrito, sin temblor, bajo la luz de las estrellas, de nuestro camino hacia la vivencia total? ¿Cómo recular sin dignificar con nuestra humilde aportación el anhelo de verdadera vida? Quebremos las nefastas, aunque sólidas, ataduras que nos conducen inexorablemente al desasosiego. Liberémonos de las lúgubres figuras que desdeñan todo aliento vital. Yo me apresuro a cortar toda ligadura que impida el despliegue de lo espiritual y, al mundo de los vivos, bajo los luminosos cielos, canto mis asombrosos y liberadores poemas, con sus acentos de semilla misteriosa y loable porvenir.

Mi luz, mi ínfima luz, no puede ser sino de esperanza, de desnuda palabra que arrincona lo sombrío, de sensatez y sin errante andadura. El que siento es un escenario de vitalidad, de verdadero sentido de dicha, de imágenes que configuran un ambiente existencial. Definidora intuición en la musical lengua de mis vientos, hermosura de imágenes que avanzan en su espiritual concepción, eso es lo que me maravilla, lo que me encamina hacia la gigantea búsqueda de la verdad. Si la vida es teatro, yo soy ese actor que, en edificante drama, desgrana una madeja de resplandecientes sueños, de belleza que desvanece tinieblas, de versos que suspiran entre el cielo y la tierra.

Hermosos son esos contextos democráticos en los que se impulsa el aprendizaje de las ciencias y las letras, siempre cargadas de novedoso futuro, porque lo que significa no puede ser percibido como humo, niebla o figura fantasmal. Sí, fundamentemos una realidad cálida, humana, talentosa y de conciencia superior, con ecos de noble afán, con espíritus que se desplieguen en la virtud. Y que haya mágica evidencia de ritmo ideal, de ese ascendente ritmo siempre referencial, que si no lo tenemos presente, malogramos en lo íntimo y en lo externo.

El cielo iluminado es un instante de eternidad para el artista, y si es lúcido poeta, su palabra, con mágico potencial recrea un momento de estadio superior, de fecundo signo vital. ¡Oh, búsqueda silenciosa de estructurales y rítmicos significados: en ti he puesto todo mi amor y esperanza! Anhelo apartarme de la sensación obsesionante de la nada, de ese vacío que procura quebrar toda identidad. Ilusiones, narcisismos, idolatrías deben desaparecer de nuestras interioridades. La palabra poética, cual rayo prodigioso, recrea un mundo gobernado por el amor y la armonía.

Quien niegue la validez y excelencia de la suprema poesía, está negando la vida. ¡Arriba las visiones de un espíritu constructivo que recreen y renueven el espacio con brillantes metáforas! Tal rítmico y alado acontecer, cual fruto imperecedero, es pájaro revoloteando en un ensueño de esplendorosa humanidad. Anulemos lo desventurado y sombrío; desvanezcamos la tristeza con horizontes de claridad y belleza. Sobrevivir sin esperanza es morir en global, pero nulo ensueño. Despleguemos un vuelo de libertad artística y social, un vuelo que sea discurso de feraz cosmovisión.

Tú, seas quien fueres, aprecia la infinitud del sistema estelar y vuela hacia un núcleo de emotiva, coherente e indomable imaginación. Nunca dudes de que tu identidad, siendo expresión de vida, siente la afinidad con lo vital, nunca con la destrucción. Piensa que un poema, un poema compuesto con la más sutil conciencia, es una visión de la realidad poblada de vida y progresiva fundación en el proteico seno social. Y siendo lo espiritual ilimitado, incontable es su dimensión cósmica. Sé que las revelaciones oníricas alimentan el ámbito de los sueños nocturnales, procurando fundamentar la existencia sin lapsos de oscuridad.

Evitemos ese posible final desolador mediante un orden humanístico y vital. Vosotros, a los que tal empeño compete, ¿estáis dispuestos a eliminar la alienación y precariedad social? El alma, nunca lo dudé, es un informe íntimo y genuino de lo que debiera ser el mundo, es decir, el espacio en que transitamos y recreamos, aportando nuestra visión de realidad: una construcción de realismo social. Yo rechazo el desarraigo, la esterilidad, la angustia y todo lo que rompa la humana fidelidad; siempre me atendré a una realidad iluminada que disponga un valioso porvenir.

Hemos de recobrar la plenitud de una edad de oro en todas sus facetas, para que la vida sea enteramente un espacio de iluminación, sin retroceso. Iluminar y reivindicar un realismo histórico, una grandeza humana en pleno desarrollo, esa será la poesía de cristal que aniquile las pérfidas sombras. Las guerras y los desastres que queden, por fin, atrás, sólo en la memoria, pero que tales no vuelvan a avivarse. Pongo mi voz en un futuro de esperanza, resplandeciente y fértil, amoroso y emancipador. Frente a las armas, sean de la índole que fueren, pongo la paz y la armonía, para que este mundo se libere de trágicos acontecimientos. Precisamente esos monstruos de acero son los que ponen fin al canto de vida y esperanza.

¡Adiós a la visión de un mundo apocalíptico en el que unas naciones se enfrenten con otras! Sí, yo confío en una poesía reveladora y visionaria capaz de poner al descubierto toda hipocresía y arbitrariedad. En horrorosa situación, ¿cómo puedo estar atento al fuego que destruye mi hogar? Siempre, todo estremecimiento proviene de ardiente oscuridad, de reflexiones brutales y macabras que visualizan golpes de imperdonable genocidio.

Pero, ¡cómo a estas alturas no se ha puesto remedio al problema interracial! Todos los virtuosos somos compañeros del alma, sean de la raza que fueren. La humana cordura no puede abismarse en anodinas distinciones que rompen con las raíces eternas del humano ser. Todos somos lo que somos, seres buscando la plenitud vital. ¡Y no me habléis de la conquista de un poder que abata corazones! El poder ha de ser un dominio para animar el amor, la hermandad, y el humanístico empeño hacia un destino vital.

Odiosas son las violencias y atroces muertes que siempre acaban en inesperadas sepulturas. No, ese no es el fundamento de vida, ni el noble empeño hacia un luminoso alborear. El ser humano ha de estar en armonía con un sentir universal basado en la paz y la libertad. Que no se oscurezcan nuestras almas con el estrépito de guerras que causan gemidos de dolor. Siempre gritaré: *"¡Viva la paz y no la guerra! Y que el poder jamás sea estímulo de vanagloria o de humana, pero espuria, ascensión"*.

¿Cómo estar en el mundo en cuerpo y alma, gozando una plena existencia? No cabe duda de que comprender la humana existencia es avivar la conciencia, recrear un presente en luminosa disposición. Ausencia de sentimientos, ausencia de corazón, el imperio de las hondas negruras y el silencio; todo ello posibilita el hundimiento de la necesaria esperanza. Eso sucede cuando dentro de nosotros se enciende un farol, el farol que avisa del fin de la transparencia, de que se esfuma la humana solución, de que se avecina un quebranto social.

Nosotros somos el principio y el fin de la visión de la hermandad humana, de un tiempo que da cabal respuesta a nuestro sentir humanístico, para evitar situarnos al borde del abismo. Los pesimistas piensan en la hora de la caída, mas yo pienso en la hora de la ascensión, en esa hora en que toda ciudad se metamorfosea en vistosa flor. El ámbito cultural, con sus numerosas revelaciones, puede hacer visible lo oculto, esos luceros que brillan en el interior y que son estímulo para que el mortal considere el verdadero árbol de la vida.

Vanguardias literarias hay, pero si son ajenas a lo ilimitado de la espiritualidad, fracasan o son deleite en un mero pasatiempo. Sin fervor jamás se alcanza la redondez, es decir, ese renacer que todo lo integra en el seno social y que se opone a la injusta tendencia que desune y margina. Hagamos del espacio social un espacio espiritual, de comprensión, de solidaridad y lucidez. Pues, ¿cómo ha de generarse una *metamorfosis* cultural que sea una revelación de plenitud de vida? ¡Bienvenida sea esa imagen esencial, o esa metáfora *hechicera*, pero que sean convicción de un cauce lírico tan novedoso como resplandeciente!

Sí, una creación estética como desafío a lo arbitrario y convencional que no hacen posible un humano sendero de felicidad, sino un camino de extravío y dolor infinito. La humana madurez se halla en la extrema sensibilidad intelectual. Iluminación de espíritus aliados hacia el bien en un orden de visos primaverales, de rosas que se enseñorean en su elocuente amparo, de anhelos bien distintos del remate en que se muestra la humana cruz. Es posible trascender una realidad desigual, injusta, carente de vitalidad, y sin asomo de humanidad con un genio y espíritu que promueva el florecimiento, un renacer de deslumbrante integridad. Mas hay que explorarla, indagando sus fuentes y móviles, para dignificar su tendencia, logrando un elevado propósito humanal. Mientras no se revele el bien en su universalidad, esa epifanía de la humana plenitud continuará siendo un defectuoso orden de relaciones impredecibles.

Soledad, sed, hambre, dolor y ruinas… Sí, un verdadero naufragio para esos luminosos ojos que buscan un santuario de amor y verdad. Quienes están ebrios de poder y tiranía, esos despóticos seres que causan tremendo tormento, no debieran regir humano gobierno en el valle de dolor y lágrimas que con sus mandatos aún más malogran. Existe un bien supremo que permanece en nuestras conciencias, un bien contrario a cualquier empeño de decadencia o ruina. Dulcifiquemos la humana existencia, hagamos que el mundo sea de una exposición animosa, con asombrosa *verdad.* Un futuro ajeno a todo desastre subyace en lo más íntimo de nuestra condición. Nacimos sin nuestra voluntad, pero en un espacio de silencio o excitación enamorados y, al abrir los ojos, ello significó que ya éramos seres con esperanza de vida, vislumbrando las formas de una realidad que se mostraba en el entorno, oyendo suaves y dulces palabras nacidas del humano corazón. Perfeccionemos esa realidad, evitemos su pobreza, logremos que nunca más nos soliviante la cruenta desesperación.

3

Sí, estos son versos de una vanguardia amorosa, con acentos y ritmos de escenográfica inclinación; un teatro para despertar del barullo, de la atonía, de la ineptitud, de la mediocridad. Sones para recrear inédito asombro, como un ensayo dramático de auténticos sones de inspiración. ¿Ingenio? Desde luego, para caracterizar una vida sin disfraces. ¿Soltura? Para proyectar blancura, resplandores estelares, y almas dignas que sigan inventando la vida. Son numerosas las escenas y atrevido el contraste, pues el escenario ha de ser un espacio de encuentro, exposición y hallazgo de claridades. Palabras de un director de escena no faltarán, ya sean radiantes o que se abran a mundos invisibles. El escenario es ya caverna de ensueño, de humana aspiración, de amor y paz alzados al cielo abierto que nos inspira.

En las miradas de los actores está centrada toda atención; están decidiendo su suerte y destino, y han vaciado el cántaro de su humana proyección. Palabras, mas palabras que no causen pavor, palabras previsoras de contingencias; palabras que sean de humana utilidad. Esa es una escena con un gesto sin pliegues interiores, es decir, una escena de auténtica nervadura, que no causa estupor. Nada se confunde en la estimulante representación.

Se manifiesta una repentina emoción en el patio de butacas, de poderosa fuente luciente, de cristalino despertar. Un cierto rumor del auditorio se explaya hasta las riberas de lo concebible, como invisible confesión. Expresar sentimientos humanos es dignificación, lucidez, asombrosa cordura. Los actores han de penetrar en la raíz del asunto, en revelar su verdadera esencia, es establecer continuos nexos de unión. Nada es inaccesible en el escenario donde se representa la vida, ya sea esta una hoguera de vanidades, o un mundo sin luz.

Inspiración no faltará, ni representación de una vida natural, de vigorosa alma, de esencial espíritu humano. Dignificantes improvisaciones no faltarán, ni voces que escapen de la luz del fuego, ni un ritmo que configure la totalidad escénica. Compartir un mundo sin fronteras es más de lo que anhelan sus humanas lucecillas, un mundo sin tinieblas, sin armas de destrucción masiva, sin torres de despótica tiranía. En esos momentos culminantes usted se alza soberbio, con admirable sublimidad. Lo sé, ese es mi papel, mi función: la palabra que se libera de la cautividad.

Sí, es un momento supremo con rayo de gracia, un sentimiento gobernado por la luz del amor. Deseo vivir en un mundo de amor, de serena alegría y de exquisita templanza. Hay frescura en tu improvisación, como una cercana lejanía que trueca amarguras. Presiento que la realidad visible te interroga, que percibes luces encendidas en un más allá imperioso. Sí, contemplo cumbres personales, misteriosas inquietudes de vida, y presiento poderosos ritmos de elevados espíritus. Parece como si las seductoras entonaciones anularan la perversidad.

Se requiere inventiva para recuperar los más hondos sentimientos vitales, y que un aire de dulce luz sea ruiseñor de nuestro siglo y de los venideros. No imites a cualquier tartufo; sé un exigente representante que destruya su maligna y aparente perfección. Como actor, poseyendo una naturaleza creadora, has de sorprender con lucífera actuación al espectador. Que por tu boca salgan talentosas experiencias de dulce y amorosa existencia. Embellece con benditas pasiones humanas estos humanos momentos. Que tu poderoso efecto teatral logre abrir de par en par los ojillos entreabiertos del mundo. Se corazón de alma humana royendo el extraviado y desastroso mundo imperante.

Pero, ¿qué representas en este escenario? Represento la verdadera, la luminosa vida; el sentido y verdad de nuestra humana aparición en el mundo. Bien, exploremos la grandeza y las debilidades humanas, la bondad y la maldad, lo demócrata y lo dictatorial. Seamos actores en el día de la humana creación, escalando peldaños de honradez y generosidad.

¿Sonríes? ¡Cómo no sonreír ante la solemnidad de esta atmósfera que me atosiga! Prefiero la luz de las candilejas a este insectívoro silencio. Fuera, no muy lejos, hay un cielo azul que anima una existencia eterna. Yo no tengo miedo ante fraudulentos acontecimientos, pues mi figura, algo quijotesca, domina el arte vivo de la magnánima representación. ¡Adiós a una vida que cause desesperación! Yo ya tengo las puertas y ventanas abiertas para acceder a un mundo sin dolor. ¿Inhumanos sufrimientos? Pronto habrán de regresar a los dominios amarillentos, pero nunca perdurar bajo la luz del sol.

¿Músicas? Sí, pero que no sean fuegos artificiales de la sinrazón. Creación de expresiva ascensión humana; bailes que liquiden la superstición. Y bienvenida sea toda aportación que evite la humana degeneración. ¿Salir por el foro sin pronunciar la verdad? Mi imaginación no se doblega ante la impostura; yo soy un ser leal, reñidor de las sombras, mostrando siempre una frente de nobleza y humildad. ¿Palabras sin luz? Me siento con aliento para promover el verdadero y humano destino. Bravío es mi soplo florido y no retrocedo ante el tiránico mandato, aunque haya tensión en mi interior.

¡Abrid las puertas de par en par y elevémonos a la suprema región de la imaginación! Pero, ¿cómo lograr una unión espiritual entre los actores de este escenario? ¿Cómo sonreír a las turbias aguas del presente, tan alejado de la florida armonía? Grandes emociones despierta esta absoluta iluminación, este florecer de alegría, este ascender hasta las resplandecientes estrellas generadoras de vida. Demos un renovado impulso a nuestra ciclópea imaginación, despleguemos una sinceridad de monumental jardín celestial.

Pero, ¿qué clase de sentimientos afloran ahora; qué imaginación transforma esta funesta realidad teatral? Nuestras imágenes, pensamientos, sentimientos e impulsos ya triunfan en un renovado espacio escénico. Nos columpiamos sobre aguas primaverales, ya nuestras palabras siembran indestructible amor. La verdad ahora resuena con amplitud e intensidad y todos los espectadores presienten un acontecimiento tan digno como fundamental. Ya se aleja la barbarie; el vacío se llena de brotes primaverales, ingeniosas estrofas olvidadas son ya espejo de un claro manantial.

Tu visión es como vivificante rayo de luz interior, de una dimensión alucinadora; ahora me estremezco ante lo que se halla inscrito en esa apoteósica luz, que es cual claro manantial de vida. ¿Acaso no has percibido un mensaje de paz? ¿No son esas chispas un vuelo de la inminente y humana plenitud? Admirable es cómo nuestra imaginación aniquila lo superfluo. Nuestras poderosas y nobles voces ya no son mera ilusión de luz, pues son, en verdad, alma exaltación de plenitud vital. ¡Oh, memoria sensorial y emotiva, luces de una hondura sugerente! Celebremos el rayo de luz que puso fin al conflicto bélico. En este escenario hemos facilitado la esperanza del éxito.

Estas ya son imaginaciones sutiles en mágico acontecer, pues todo huele a aromática y esplendorosa arboleda recién generada. Acomodaros ahora a un papel dramático de aire experimental; a tiempos nuevos, imaginaciones novedosas. ¿No veis cómo toda misión se atiene a la paz universal? ¿Veis lustrada y bien dispuesta la integridad del planeta? La naturaleza espiritual ha recobrado sus antiguas fuerzas; y ya nos hallamos en la renovadora y plena luz del día. Me siento rejuvenecido en este iluminado horizonte de dicha.

¿Por qué miras esas feroces arañas que desvanecen nuestra memoria y deterioran con sus siniestros impulsos el árbol de la vida? Pero, ¿qué podría dañar nuestra nobleza, nuestra lealtad de hombre libre hacia un destino escogido? No existe demonio que aniquile nuestras humanas honduras, ni ser tiránico que con su crueldad debilite nuestra inteligencia. Inspiraros, formidables actores, en una soberana interpretación del ser y de la vida. Vuestras entonadas palabras han de ser espejo azul y cristalino en cualquier orden de desconcierto. ¡Despertad vuestra imaginación e intelectualidad! La pasividad e inercia en absoluto nos conviene.

Evitad la matanza humana con un pronto e inquebrantable armisticio. ¡Que se haga la luz en este pendenciero planeta! Pero, ¿quién todavía no ha leído el giganteo libro de la vida? ¿Acaso las revelaciones del reino interior no os aconsejan un existir en plenitud? ¿Acaso son héroes esos crueles paladines que son origen de un lamentable y sangriento terror?

Vosotros, talentosos actores, representad la quintaesencia del ser y de la vida en sociedad. Ningún errante trovador podrá recitar con imponente respeto, sino con paródicos tonos, esa guerra nacida de una elucidación inhumana, irreflexiva, de absoluta vileza, que, además, es síntesis de un mundo en condenación. Y volverán las oscuras golondrinas a desvanecer con sus rumorosos trinos el general espanto.

Apreciados actores, estas son circunstancias que motivan nuestra dolorosa representación, nuestro análisis pertinente de la oscura realidad temporal. Deseo rasgos humanos, el rechazo del poderío bélico y una intervención actoral que depare justicia, paz, amor, bienestar, consuelo y gloria. Estamos bajo el imperio de la luz, y quien diga lo contrario, miente. Y no existe imperio ni comunidad que degrade nuestro consentimiento. Nada enturbia nuestros alientos de renacer bajo una aurora de lucíferos esplendores. Nuestro pensamiento es contrario a la confusión y el caos, por eso nos aproximamos con íntimo frenesí a la armonía de la humanística fuente.

¡Defendámonos de los ajenos impulsos sangrientos; confiemos en nuestra recreación y proyección humanas! Somos conscientes de que lo estéril cruje en nuestras miradas. Con vigor atendamos en un proscenio que augura exaltación. El reptil sinsentido jamás florecerá, ni sus huellas romperán el excelso sentir humano. Quebremos el hosco silencio con nuestra consciencia de integración humana. Nosotros, los nobles y generosos humanos, somos la razón para acabar con el tumulto, la violencia y delirio. Otros tiempos vendrán de excesivo fulgor, en el que las honorables figuran perciban el fondo de todas las cosas.

Pero, ¿quién es el que prepara tremenda ofensiva bélica? ¿Quién es el que pretende crear enorme conflicto en el mundo? ¿Hay neurosis en algunos regidores de la luz social? Vosotros, actores, iluminad con vuestra exitosa representación, sed fieles al ideal humano, al esplendor de quien vive bajo la luz de las estrellas, pues el escenario es un lugar de conversación y de genio. ¡Recreemos humanas interrelaciones de dicha! ¿Sentís, aquí, en este amplio escenario, el horror de un bombardeo? Sabed que vuestros papeles no son poesía de propaganda, sino de lucidez, de visión con humano esplendor.

Sentimos el ritmo de la noble vida en nuestras conciencias, sabemos de los pérfidos cristales que, en contra de los luminosos cielos, condenan la faz de la tierra. Nada pasa que no sea coherentemente explicado. Incluso vuestra actuación, singulares actores, será dilucidada con sumo interés, pues de vuestra representación se deriva un ámbito de sutil enseñanza. ¡Abrid vuestros ojos a remansos de gloria, sentid el supremo bien recobrado, animaos con una amistad global y bienhechora; sed seres que levantáis la vida con aires de feliz hallazgo! Sí, son variados los matices de las emociones y experiencias humanas.

Tu inclinación espontánea hacia lo profundo, caro actor, es en verdad, una libertad creadora que revela modos de representación contemporáneos. Sois un cuadro escénico, figuras protectoras de la paz universal. Tanto el impulso lírico del texto escogido como el de vuestra experiencia actoral van más allá de la mera ocurrencia, abriendo un espacio de pluralidad que satisface las exigencias del momento. Todos sabemos que la última niebla nos trajo infelicidad y desconcierto, pero los estimulantes horizontes de hoy son insobornables.

Pero, ¿quién pretende la disolución del espíritu del hombre moderno? Nosotros, en este escenario de amplitud y gozosa constancia, revelamos el sentido de toda realidad y aclaramos el móvil del conflicto esencial allá donde se diere. ¿Quién pretende romper el vínculo esencial con el armonioso cosmos, a sabiendas que en él se halla una totalidad significativa aún no percibida? Nuestro horizonte de existencia no puede transformarse en la creación de un orden infernal. Muchas podrán ser las *realidades*, pero sólo una es de cabal integración humana.

Ha transcurrido tanto tiempo que, de aquella edad dorada, sólo restan cenizas. ¡Ay, monstruosidades de trágico signo; parece como si un pérfido viento se llevase nuestra humanitaria semilla! Valga una retrospección para darse cuenta de lo que significó un espacio escénico enajenado. ¡Recuperemos el liberalismo del movimiento romántico, esforcémonos en la revelación de un modelo armonioso y espiritual del mundo! Las fuerzas maléficas nos amenazan, pero vosotros, actores rendidos a la verdad, a la razón y al amor, no daréis un paso atrás y os enfrentaréis a la negrura que lentamente avanza.

Espléndido es vuestro ánimo, estimulante vuestra inspiración, ideal vuestra encarnación, y admiro vuestra espontaneidad; pues aquí preservamos el triunfo de la vida, en vez de la muerte. No ignoramos la esencia espiritual que nos mueve. Que nada afee nuestros diálogos excelsos, la alegría de nuestra representación. En este escenario no hay disfraces ni pelucas, todo es natural en su sensacional desnudez. Ha rato que empezó nuestra función y, si enlazamos con la tradición, es para mejorarla. Nuestro exaltado temperamento es virtuoso, estimulado por etéreas orillas y nos proyectamos dramáticamente hacia un futuro esperanzador. La nuestra es una radiante vibración que se enlaza con la sublime armonía. Desechad la ruin vanidad y dejaos de efectos histriónicos. Debemos representar a ese leal hombre que, enfrentándose al demonio, evita el descarrío.

Para que sea efectiva vuestra encarnación, aunque el texto corresponda a una nueva visión literaria, vuestras figuras en el espacio teatral deben mostrar frutos intelectuales, un color unánime de libertad, y canto de ruiseñor despierto a una visión social que sea balcón abierto a la vida. Las formas tradicionales de expresión, por ustedes serán superadas en este amplio escenario de blanquecina luz, y con ellas se esfumarán las penas glaciales. Vuestros papeles son como un vibrar en las puertas de la vida, un ingenio que inventa novedosos aspectos de humana existencia.

Aquí se encarnan vivencias de almas esenciales, de seres en cuyos espíritus columbran divinales sentires, bellezas que encierran fabuloso tesoro verbal. Vuestros ingenios son de renacimiento romántico, de reajuste de lo mundanal, de poesía renovando el ámbito cultural. Sí, pedagogía de ininterrumpida representación, de habla escénica con inusitada perspectiva, puesta a punto de un proceso creativo excepcional, bajo un panorama estético de insuperable renovación artística. Previamente, en los ensayos, habéis renovado la visión de una realidad maltrecha, de una realidad violada por lo pérfido. Ahora con vuestros insuperables papeles, arrojáis novedosa luz al mundo, a ese mundo que se halla en un estado de escisión, a ese mundo que ha ido perdiendo su loable integridad.

Vanidad de vanidades: extingamos toda vanidad. Más vale refugiarse en el ensueño que presentar insufribles vanaglorias, esa arrogancia en que se hunde la luz del ser. Transformemos un mundo injusto y mediocre en otro virtuoso y de floridos ventanales de dicha. Y ahora que no se os ve en el escenario, salid de entre bastidores y proclamad la esencia de un mundo dorado al sol, un mundo gentil tejido de divinales sueños, de cordiales ritmos, de estrofas con sentidos eternales, de un áureo fulgor ideal. Sí, yo mismo me inclino ante vuestro poderoso ingenio, ante vuestras formidables caracterizaciones, ante ese fecundo estar transmitiendo flamante vida.

Todo ejército armado me inspira un frío glacial; es una representación que turba mi sensato estado emocional. Todo se descompone cuando se escuchan en mi interior las sirenas antiaéreas que avisan de inminentes bombardeos y mi conciencia social sufre horrendos vaivenes, antes de presentir un eterno dolor. Horribles son las guerras y, todas ellas, causantes de infinito tristeza, dolor y agonía. Una guerra es un drama trágico repugnante, en el que se impone una fuerza tan foránea como opresora.

Defendamos nuestra institución de vida y esperanza, de cordura y amor, de humanística armonía, de seno triunfal sin desolación. En todo espíritu reformista está activa la palabra libertad e idílicos son sus cuadros intuidos más allá de la anómala realidad circundante. Por eso, vuestra creación escénica va más allá de las fantásticas mentiras, de los sones que entorpecen la imaginación, de las exigencias que son pura contradicción. Grandes concepciones espirituales nos animan a derrotar el desconcierto mundanal, esa infeliz atonía que infunde impureza a la visión de nuestro humano futuro.

¿Quién no está por la supervivencia de un mundo espiritual? Sí, sois personajes enfrentados a un acontecimiento hostil, que dificulta vuestra seguridad, que evoca caos y ruindad. En los aires de este escenario no se disuelve la razón, ni alientos de telaraña doblegan con su red nuestra espiritual apostura. Nuestros presentes ideales ensanchan la concepción del mundo, revitalizan el significado de la vida en el seno social. Al ocaso de la humana civilización nos oponemos, poniendo todo nuestro empeño en superar el angustioso momento presente, en que se han desatado fuerzas que arruinan toda visión de esperanza y vida. Sí, busquemos el fin más noble de toda existencia.

Que vuestra caracterización sea un repertorio de esperanzada vida, de luces con mágico reflejo, sin visible miseria alrededor. Y que entrañable música glorifique vuestra salida a escena. Pues apoyamos la humana elevación, un ascenso a la visión divinal, buscando un existir de fondo resplandeciente, sin contradicciones, sin soledad ni aislamiento. Nuestro espacio vital es difusor de conocimiento, de integridad social, con una manifestación de poesía sin fin, como de conciencia vertida al mundo natural. Es una concepción poética vital, que vosotros, talentosos actores, encarnáis con vigoroso esfuerzo, con animoso talante, bajo un ritmo de audaz creación. La concurrencia percibe vuestras poderosas figuras e imágenes verbales, admira vuestra actitud de superar lo sombrío, y se ve reflejada en vuestra formidable claridad escénica.

Algo inédito adquiere forma en este escenario que anula el hastío infinito, y no hay invisibles fantasmas que encadenen nuestros originales pensamientos. Vosotros estáis haciendo perdurable la verdadera y espiritual raíz humana. La posteridad os tendrá en la memoria como sabios actores que pusisteis en escena dichosos corazones despuntando en la aurora. No permitamos que la visión de un mundo mejor se debilite o sufra intolerable agravio. La miel de ese mundo ya saborea nuestros labios, y ese dulzor, esa sensación de inmensa dulzura da vigor a nuestras caracterizaciones, conformando espléndida esfera vital.

Sabed, caros actores, que, desde que se levantó el telón, no sois un grupo ideológico, sino mucho más: sois el epicentro de una potencia vital y estética. En vuestra lúcida comunión se entrelazan espirituales aspiraciones humanas y un convencimiento de la inmensidad y profundidad del ser social, siempre con acentos líricos y dramáticos. Vuestra interpretación magnifica el humano mundo, es, cómo decirlo, una creación artística tocada por la notoriedad.

Ejemplar es vuestra vocación, y os halláis en situación de impulsar un renovado futuro artístico, un escenario de hondura, intimidad y lucidez. El vuestro es un admirable poema representado con gestos y figuras emblemáticas; nada resiste vuestro fomento de vida y esperanza. Pero, ¿quién dijo que no merece vivir una vida de desdichas? Aquí estamos, en este escenario, oasis de almo sentir, para responder que en nuestras acciones al establecimiento de un novedoso ciclo vital, de armonía, esperanza, fraternidad y expansivo sentido común. Intuición humanística no nos falta y sabremos darle la vuelta al descenso y depresión.

Y vosotros, seres de la adversidad: ¡quitaos las odiosas máscaras y apartad vuestra violencia, esa que rompe el silencio del aire! Se requiere de una inspiración y pureza que logren la bendita ilusión de un vivir ajeno las horas espectrales. No os desazonéis ante la brutalidad, los bombardeos, ante la versión más horripilante de un ser caído, pues al final se percibirá una explosión de luz que alumbrará un consenso de alegría y renovación. Pongamos fin a esta cruenta ofensiva con soplos de fértiles dulzuras, con figuras que maravillen al público con inusitado resplandor.

Una ética y estética esclarecedoras será suficiente para crear una concordia universal. Y vosotros, actores con alma romántica, habéis retratado un momento aciago, de profundo horror, en trances que han estado al rojo vivo, transformándolos en iluminación, espiritualidad y esperanza de vida. Personajes ya sois de un hermoso tiempo recobrado, luz para los tiempos de humana dignidad, símbolo de una idealidad lírica encarnada en un escenario de alentadora personalidad.

Asombrosa es vuestra improvisación, quizá comunicada por un aliento espiritual tan lírico como interior, con una exquisita aspiración de esplendor y gloria. Sí, equilibrio y armonía para una totalidad anunciadora. Ilumináis el entorno con celestiales antorchas, dilucidáis el malhadado destello humano de poder, y vuestros verbales bombardeos son destellos angelicales de salvación, sin amenaza de horror ni tiniebla. Vuestros símbolos son los símbolos de la razón de la concordia, de la hermandad universal. No existe confusión en vuestra excelsa representación, ni visajes que pongan en aprieto ninguna apostura.

La vida humana debe regirse por un sentimiento de humanismo y grandeza, no de miseria y desolación. Vosotros habéis colocado, en un abismo que se expande, un anhelado punto de fulgor; una luminosidad que destruye el caos de las tinieblas. Necesario es que, cuando caiga el telón, la malignidad retroceda hasta deshacerse en la nada. ¡Oh, humanos, humanos indignados por terribles bombardeos: aquí, en este escenario se encienden luminarias que son memoria y resolución! Desde ahora, nadie estará sumido en dolorosa oscuridad asistida por sonidos que avisan destrucción.

Yo, desde el borde del escenario os anima a vocear: *"¡Viva la vida y la concordia en un mundo espiritual!"*.

4

¿Qué puede ser un símbolo de amor, sino la virtud y la benevolencia? Los designios malévolos son el oscurecimiento de la vida, una presentida marcha fúnebre en el existir. Si asciende la paz en un jardín abrileño, es como si en el terruño morara la presencia de lo divinal, un palacio de cristal propio de benéficas y galantes hadas. Y se escuchan los cánticos de alegría que se difunden desde rústica mansión, cánticos que son de generosidad, humildad y eternal camino de libertad.

Luces de vida sin profundidades abismales es lo que necesitan los mortales en este valle que fue de lágrimas, pero que busca la imperecedera jovialidad. Este mundo no es espacio para la bestia humana, ni para la divulgación de sentencias que causen humano espanto. ¿A qué viene, pues, ese desafío a los humanos ideales y a un vivir afín a la flor naciente? Mi mente evita, rechaza los desgarramientos sociales y el triunfo de la muerte sobre la vida. Mi lucidez espiritual es de humano caballero frente al huracán de desdichas.

Es necesario un nuevo enfoque para fundamentar una realidad ideal en la que no haya foráneos dominios, indómitos y fieros, de incoherente e inhumana brutalidad. El valor de la vida está por encima de un poder armamentístico que genere falta de libertad, pues florecer en apariencia es tanto como languidecer. ¡Basta ya de temblores que alteren nuestra soberanía nacional! Convertir un país ajeno en un infierno es una frontera que no se puede traspasar.

La fuerza del amor y un espíritu divinal, con esfuerzo y paciencia, el anhelado destino lograrán. Las negras horas de amargura ya son encendidos recuerdos, memoria que no se podrá borrar; pero se abre un calmo sendero, un augusto templo que con nuestro poderoso soplo se levantará. Nuestro esfuerzo, de las ruinas encantador paisaje levantará, pues ese será el siguiente concierto de nuestra dignidad. Si antes hubo un aire en son de guerra, para defensa de lo nacional; ahora será un vigoroso aliento lo que nos hará felizmente progresar.

Aquellas fueron horas desdichadas, de conmovida humanidad, defendiendo el azote de lo inadmisible. Con espíritu valiente evitamos que nuestro mundo se precipitara en el vacío. No fue estéril lucha, o insensatez, sino conciencia con un honorable sentido moral. Ahora, en sosegada orilla, levantamos el vuelo hacia un inextinguible deseo de amorosa vida. Así como la tierna visión humana elevadas torres levanta, nosotros levantaremos ilusionada arquitectura sobre estas ruinas.

La vida, cómo no, ha de ser un vuelo de siglos gloriosos, de luminosidad creciente, de anuncios de hazañas bien distintas a las gloriosas espadas y al son de las ominosas trompetas de guerra. Vivir con honor, difundiendo virtudes, dulcificando la estancia con ritmos poéticos, nunca con ritmos marciales que generan atrocidades, es lo que el humano anhela. ¡Juventud, divino tesoro, estas candorosas frases evitarán tu huida, y aún tus ojos revelan la luz del amor!

¡Oh, abatida tierra, ya inconsolable: la antigua maldad se ha hecho presente, destruyendo tu corpóreo asiento, pero nunca tu fragancia espiritual ni tu pensamiento crítico! Pero sé que en ti se hará una génesis poética, una recreación extraordinaria que pondrá su acento en la luz de las estrellas, que vivificará el momento actual. Novedosa luz y claridad anularán el rechazable estrépito, y nacerá un nuevo día de gozos resplandecientes en todos los ojos. Yo ya oigo el susurro de una agradable paz, el calor de un día sin malditos sones, la bendición de un paisaje derruido.

Heroicidad fue cual vívida lumbre que avivó nuestro acuerdo, es decir, la defensa de nuestro orden de felicidad. Nuestra grandeza fue nuestro despertar, para defender nuestros horizontes de esperanza, algo semejante a preservar el fondo de nuestras almas. Con poderosa fuerza y esperanza en la luz y oscuridad de aquellas cautivas auroras, evitamos el naufragio nacional.

Mientras haya poesía se despertarán los ojos moribundos y el amor será luz de estrella, cantor de la luz del sol. El poeta soñador, ajeno a las músicas guerreras, desvanecerá las nieblas y los bélicos estandartes, pues son premonición de sudarios. Yo ya percibo el angustiado semblante, sintiendo el gozo de la sólida evolución humanitaria, captando el poso de las humanas creaciones, animando un orden de luz, cordura y espiritualidad. Ya brotan en el terruño rosáceos colores y un invisible santuario se alza en el orden humano. Fraternidad y esplendor no es, ahora, llama fugaz.

La tierra ya no es asiento de horribles muertes, sino jardín edénico en el que no declina una luz maravillosa. ¡Adiós a ese tiempo de horror, de sombras de luz, de extensa agonía, de insufrible temblor! Momentos de perversidad han pasado; es ahora un tiempo para el florecimiento, para que alcance sus cimas la dignidad humana, para que, desde el desconsuelo, se abran senderos de alegría. Ya vienen tiempos de felicidad, de libertad y justicia, de serena fraternidad.

Aquí, en este renovado orden, ya no se amenaza miedo. Es como si, en amoroso umbral, hubiésemos despertado. Ha tiempo se extinguieron los pájaros de fuego; ya la fuerza, impulsada por noble corazón y un fiel destino humano, nos acompañan. ¿Y qué decir de los sobrecogedores impactos armamentísticos? Nada de aumento armamentístico como simple poder disuasorio; todas las armas existentes debieran permanecer en perenne exposición en un apartado museo.

¿Qué esto es una pálida descripción de los cruentos hechos? Yo busco una inspiración que nos saque del profundo y obscuro abismo del poder de las diabólicas armas. Ningún excelso espíritu contempla fascinado los sangrientos bombardeos. ¿Refugios para conservar la vida en un mundo en que predomina el principio del amor? Sí, hay autócratas a los que sólo les importa su ascenso y vanagloria. La justicia humana, lo sé, imperará pronto en el mundo entero.

Esos falsos ídolos, efigies de funesta exhibición, espíritus impuros, que socavan los sueños de una existencia ilusionada, son el símbolo de la más pura vileza. Son amantes de encadenar la más cristalina y pura palabra, de convertir en piedra el más honorable y rítmico impulso de vida. ¿Convertir al ser espiritual en piedra? ¡Qué demonios son esos! ¡Maldito colorido de llamas malignas que hasta las llamas de los fuegos fatuos palidecen y se desorientan!

¿Acaso persiguen convertir la humana esperanza en escombros? La edad futura será la de una feliz juventud con voluntad de amor, espiritualidad y vida. Hay que desechar la gran mentira de un idolatrado orden prepotente, y expulsar a esos seres que guerrean para lograr en el vecino (que no adversario) la humana descomposición. Mientras quede un vestigio de libertad, los héroes mantendrán la memoria viva de un pueblo. Al final, elogiosos ritmos magnificarán la lograda primavera y el sueño divinal volverá a ser soplo de lúcida vida.

Los cuerpos de los nobles ciudadanos ya lucen a la luz del día; ya se sienten serenos, aunque dolorida el alma. Se ha desvanecido el terror incomprensible. El humano corazón, ya sin temblor, se abre cual vivo capullo de flor. Pasaron los días y noches abismales, las ruinas son muestra de la humana desdicha, pero hay insólitas esperanzas de alzar un orden sin sombras, sin amarguras, abriendo libres brazos al ámbito luminoso recién conseguido. Pero los lúgubres hechos no se olvidan, y todos se afanan en levantar modernos edificios como flores de la imperecedera esperanza. Sí, dulce canto consolador en la tierra nativa, cual sublime momento iluminando orillas.

¡Oh, unidad del ser social nunca rota por los pasados bombardeos! Pero, ¿cómo pudo ser que se pusiera en aprieto la existencia terrenal? A ti, que pusiste a prueba el soplo de la creación, te arrastre la negra y tétrica ola. Vuestras abominables bombas no pudieron con el colosal fuego de nuestros ideales. ¿Acaso ha sido tal defensa un orden sublimado sibilinamente por el genio? No sé; pero grandes sentimientos infunden plenitud de ideas. Tu destino, ciudad bombardeada, fue desde el principio nuestro destino.

¡Oh, sentimental madurez que luchó por mantener el signo vital! Comunales entrañas se han convertido en frente de fortaleza contra la execrable invasión. Pero, ¿quién no desea un global modelo social que sea principio de armonía y vida? ¡Menudo despliegue de insólita visión en oposición a un acontecer cruento! ¡Oh, mítica defensa de una ciudad histórica! ¡Eh ahí los modélicos ideales de una sociedad que defendió su soberanía y libertad! Tú has sido una ciudad como símbolo de realidad trascendente. Mi esfuerzo, mi coraje ha sido para mantener la vida en un ámbito de lucidez.

Sí, oigo el canto de un ruiseñor y me consagro a la vida. ¿Por qué será que la espiritual humanidad inunda mi alma de revitalizantes armonías? Atrás quedó la noche hiriente y fría, pero no el ansia de vivir en libertad. Luminoso futuro se vislumbra tras el sereno crepúsculo. Desfallezco ante lo perdido, pero mis pensamientos ya levantan y edifican un orden de hermosura. Mas, ahora pienso, cómo hacer perdurable el sentido vital. Ya se desvaneció aquel rígido silencio, mientras oigo musicales y agudas honduras. Después de la lucha, sólo lágrimas agitan mi corazón.

Bajo un cielo de humana fraternidad, pese a la visible ruina, el anhelo de verdad y justicia es dignificante. Fue como una fuerza celestial la que les brindó humana coraza para oponer formidable resistencia. En su tierra nativa fue el amor a la paz tan fuerte, que pudo resistir valerosamente. Ante la opresión, la mente ha de ascender a región luciente. Invasión truncada, gracias a la fuerza del amor, de la concordia y de la reflexiva condición.

¿Acaso fue un don de cielo oponernos a la dominación? Nacimos y vivimos para respetar la vida, para distinguir el bien del mal, para mirarnos en el sabio espejo de la verdad. No eran ignoradas orillas las que defendimos de la funesta invasión, sino la esencia de nuestra paz profunda, nuestras serenas pisadas, nuestras ciudadanas calles, el orden que nos concedió iluminación.

No dejamos en la estacada el ámbito de nuestro amor, ni el inicial desencanto nos turbó. Nadie estaba dispuesto a emitir un certificado de defunción. En nuestros pechos reinaba la armonía y una poderosa voluntad nacida de inquebrantable corazón. Los bombardeos asolaron la ciudad, pero nuestros corazones, los que defendían la fecunda vida, no se echaron atrás. Desatado el caos, sólo nos quedaba la luz y ese perseverar en nuestra esperanza, en un próximo futuro prometedor.

Sí, era momento de morir para mantener vivo el aliento vital, la cordura, y de suprimir el despotismo, ese perverso intento de humillación. Nuestra tierra materna anhelaba su defensa, no su desamparo. Nos conmovimos, y un latido defensor nos impulsó, nacido desde inquieto pero amoroso corazón. Se fundieron ilusión, vida y destino; había que mantener altiva la frente y viva la esperanza, pues fracaso es el no actuar y no hacer frente a una invasión.

Sé que a muchos, en comunes refugios, se quedó presa su alma. Pero yo anhelo recuperar la esperanza, la juvenil alegría, la iluminada orilla de la vida. Deseo seguir viviendo bajo los tiernos acordes de una existencia vital recuperada, bajo el aire y la luz de bendita calma. Todavía los pájaros cantan la visible ruina, que presto disipa un fluir mágico de palabras que confían en el futuro y en la esperanza. Ahora la paz es figura gallarda, símbolo de sonrisa edificadora, santuario en el que pacífica luz se derrama. Por fin, un anhelado sorbo de pura agua calma la cruz de mis pasadas tinieblas, es chorro celestial que bendice mi estampa.

Se abre mi corazón, y comienzo a ver gallardas figuras en mi entorno, rostros que con dificultad disipan sus penas, viejas angustias y desesperación. Incluso el ruinoso espacio ya reclama vida y una melodía, acordes de gozo y belleza, y un ánimo de imagen divina. En mi ánimo se despierta un gozo insólito, visos de un cielo triunfal. Sí, son momentos de dulcificante contemplación, con imperiosas ganas de levantar bellezas desde el visible desastre. Mi mirada es ya flor enamorada del espacio por el que transito, pues ya no lo vislumbro informe, desierto, reducido a su desventura.

Todo se aviva en mi interior y mi corazón late con fuerza cual si fuese un recién nacido; mi visión primaveral, lejos del caos y la confusión, libera y ayuda a florecer mi existencia. Siento mi plenitud, interiorizada la memoria de las cruentas luchas, y un extraño oleaje de vida me funde con el amoroso aliento. Atrás quedó el naufragio de la humana esperanza, esa angustia generada con el fragor de las armas, esa visión de infeliz y atroz destino. Pero un venturoso futuro está en nuestras manos y el valor de unos ciudadanos que no recularon ante la siniestra opresión.

Cesaron las hostilidades y la locura con ellas se fue. Aun considerando la visible destrucción, sigo siendo un romántico que se estremece en ausencia de delirios. He surgido de las tinieblas, de una terrible conmoción. Pero sigo vivo, con ganas de sentir la armonía, los claros rayos de sol y de renovar el entusiasmo, una vez anuladas las amarguras. Ya me alzo a un porvenir que me aguarda, a un éter azul que en los vivos deposita su esperanza. Hasta una ráfaga de viento esfuma lo que resta del negro desencanto.

¿Y qué decir del genocidio de civiles y de la vulneración de los derechos humanos por parte del invasor? ¿Por qué esa plutocracia muestra tanta aversión a una democracia? Todo noble ser humano siente un ardiente amor por el bien, por la virtud y le repugna toda guerra. En esta han muerto ancianos, mujeres y niños por los atroces bombardeos. Se ha resistido al opresivo invasor. Sólo el escuchar el silencioso llanto en los refugios, ha sido para muchos un poderoso estímulo defensivo. Y quien muere defendiendo la libertad en su tierra, tal muerte se convierte en hecho triunfal. El veraz y sereno juicio no cesó de difundirse por las alturas y, aunque rodeados de tinieblas, muchos dieron un imperioso paso al frente. Tales talantes, tantas recias aposturas han significado una protección de su patria.

Cierto es que se percibieron almas desoladas y con honda amargura, pero ahora hay en sus rostros una firmeza por haber rechazado la execrable invasión. En aquellas horrendas horas, en el mundo cundió el signo de la pavorosa destrucción; toda reflexión demandó humana presencia frente a la bestialidad (auspiciada por individual egolatría). Sé que ya brota la esperanza en estas horas de calma, pero con dolor. También espero horas de dulce acento, de amigables rostros superando el quebranto.

Las gentiles ánimas facilitarán que reine a nuestro alrededor un espacio entrañable. Esta es, pues, la memoria de imágenes que fueron tan horribles como vivas, que generaron profundo desconsuelo. Levantemos, desde ahora, un seno social puro, hermanado, con un fluido orden de armonía, verdad y hermosura. Nuestra valentía, como don de la naturaleza, tuvo su recompensa: el brillo de una paz sin crueldad ni mentiras.

Estas no son sólo palabras del narrador, sino escogidas del sufriente escenario. No debemos olvidar que las guerras empeoran la pobreza general y, en especial, la infantil. Implantemos en nuestra visión de humana vida el incuestionable ideal de perfección espiritual y humana.

En una guerra, incalculables son los refugiados que buscan acogida en otro país. Con respecto a los pueblos, abandonemos las falsas e ignaras generalizaciones que estropean la coexistencia pacífica. Una realidad visible puede desaparecer, pero, en el tiempo, se alza otra realidad visible en el mismo espacio que ocupó aquella, aunque bajo una concepción más majestuosa e integradora de los valores humanos. Sí, desentrañemos la verdadera realidad humana, esa que evita las catástrofes humanitarias, el sufrimiento, la miseria, la emigración, el despotismo, el reino del desamparo y del silencio ingrato; porque, en su momento, una Luz deslumbrante deshará las formas autocráticas opuestas e incompatibles con la tendencia al Bien general. ¿Qué países serán los que harán méritos por una Paz duradera? Será un sueño, pero ya vislumbro el apartado museo que contiene todo el armamento suprimible del mundo. Su nombre: **Museo del Armamento Mundial Abolido***.*

Badalona a 1 de Mayo de 2022

*   *   *   F I N   *   *   *